LÁPIZ VISCERAL

LÁPIZ VISCERAL

DIEGO PALACIO BASTIDAS

Valparaíso
EDICIONES

VALPARAÍSO POESÍA

Diseño de interior y maquetación: Chari Nogales
www.charinogales.com @chari_nogales

Ilustración de portada: fcscafeine

Primera edición: abril de 2025

© De los poemas: Diego Palacio Bastidas

© Valparaíso Ediciones
  C/ Fray Leopoldo, 7 bajo, 18014 Granada
  www.valparaisoediciones.es

  ISBN: 979-13-87538-25-5
  Depósito Legal: GR 171-2025

  Impreso en España - *Printed in Spain*
  Gráficas Gami

ADVERTENCIA

Lápiz visceral se compone de:

Escritos y algo de poesía apocalíptica, visceral
precisamente, propia, con fuerza y verdad.

Espero no perturbarte, ni que mi dolor sea tu dolor o
que mis miedos maten una parte de tu corazón.

También hay destellos de felicidad, suerte si los ves.

INTRODUCCIÓN

Cuando se decide entregar algo tan íntimo como lo que vas a leer a continuación, es porque el autor en un acto de desprecio propio, por llamarlo de alguna manera, decidió pisotear su pudor y acabó con su orgullo, sin embargo, esto no quiere decir que no haya ligeros temores, puesto que siempre lo que se lee termina siendo examinado y juzgado con severidad en la mente de cada individuo.

El postulado anterior no quiere decir que no debas juzgar al autor por lo que escribió, sin embargo, el objetivo final es permitirle al lector un breve espacio (atisbo) de la maqueta mental de una persona común y silvestre que un día encontró en la escritura la manera más estoica de vomitarse y limpiar los filtros de su mente y entonces poder menguar algunas noches para conciliar eventualmente el sueño sin la necesidad de otros elementos que no vale la pena mencionar.

Poca rima, poca métrica, más prosa y palabrería, con ritmos en la puntuación, sin efectos musicales, escritura sencilla para un amplio espectro demográfico, pero para mayores de 12 años, edad suficiente para coquetear con la oscura realidad.

A Isabel Bastidas mi madre, mujer encantadora, estricta y amorosa, dueña de un misticismo propio y de quien heredé la tradición de soñar con sucesos cargados de significados. A mi papá Dagoberto, hombre noble, inteligente y de buen corazón. Al océano, ese Mar se las ingenia para verme. Al cielo, un lugar al que estoy seguro de que no ascenderé

A Fabrizio mi hijo, una persona que me ha enseñado más que la academia, capaz de mantenerme en pie y a quien hago heredero de mi guitarra.

"Los hombres fieles no tienen porvenir"
FERNANDO GONZÁLEZ,
EL REMORDIMIENTO

"A no ser que salga espontáneamente de tu corazón y de tu mente y de tu boca y de tus tripas no lo hagas"
CHARLES BUKOWSKI,
SI NO TE SALE ARDIENDO DE DENTRO…

CAPÍTULO 1

ESCRITOS ONÍRICOS

EMPA TO LOGÍA

Amo a los feos, a los distintos,
A los deformes, a los dañados,
A los diferentes y deficientes

No desperté del sueño, desperté la conciencia y logré
ver corazones perfectos, sentimientos puros y amores
sinceros, corazones protegidos, corazones reservados
para aquellos que atraviesan las mentiras de los espejos
con la potencia de una granada, tan potente, tan potente
que no se oye.

SUEÑO DE MUERTE

Morí y lo recomiendo ampliamente,
desvanecido en un silencio profundo,
precioso tamizaje de personas,
escuchando el ruido de la nada
estado esencial,
orden para viejas ideas,
mmm te buscan los que adolecen de tu ausencia,
¡qué hermoso es morir!
¡Recomendado!

SABOR A SOLEDAD

¿Sabrán entonces ustedes a qué sabe la dulce soledad?

La dulce soledad sabe al fruto negro del manzano gris de oscuros sueños, manzano solitario, envuelto en niebla, cubierto de cenizas, que florece sin oxígeno, carece de follaje y muere a cada minuto.

TORMENTA SOÑADA

Las nubes se mueven con especial rapidez, todas siguen un curso y por poco se amotinan entre sí, el viento viene por oleadas, las aves no vuelan, los metales que tienen ocasión eligen golpearse, las ventanas, las ventanas son lapidadas con maderas.

No corremos al precipicio, el precipicio nos busca elegantemente.

El desastre siempre llega antes a nuestra mente.

SOÑÉ, LOGRÉ DESPERTAR

Brutalidad entre las naciones, hambre, letalidad y una imagen para llorar "créanme, no lloro a menudo y menos dentro de un sueño"

No distingo bien, no es un bebé, es un niño pequeño, de ojos tiernos, caminaba amenazando con caer, buscaba una salida, su torpe caminar no le ayudaba.

Su diminuto índice me señaló y balbuceó en ese lenguaje que solo comprenden las madres, en el instante la criatura mordió el alambre de púas que lo cercaba. ¡TERRIBLE!... sentí en mi boca ese perjudicial sabor metálico, lleno de azufre y dolor.

¡Yo era el niño!

2090 FUTURO

Es un valle de sombras.
Es un valle de sombras a pesar de no tener ni un árbol.

Es un valle oscuro y tenebroso a pesar del enorme vacío.

Es un valle que se hunde en el olvido de un pasado trágico.

Es un valle de seres petrificados.

Es un valle de huesos que hablan de una fertilidad eclipsada por dioses despiadados y cansados de la estupidez de aquellos seres.

YUKON

De nuevo, esto debe ser un sueño, ¡acerté!
Un leño se parte en el fuego, es una cabaña de madera
rústica y hermosa, tengo un perro, armas y dolor de
estómago.

Comprendo el fuego, cae nieve, siento un gran peso, es
piel de lobo.

Abro la puerta, el silbido del aire congelado empuja, el
perro escapa y no regresa.

Unos pasos y estoy afuera, entre el lecho y los árboles,
empuño un arma, grito llamando al animal ¡Eeeh, Baco!
¡Aaaah, Baco!

Sopla tan fuerte que dudo y escucho la voz de una mujer
en el viento.

Pienso y hablo en voz baja, lo hago en otra lengua ¿Por
qué?
Rápidamente recuerdo a *The Phantom of the Opera*, resuena
con voz femenina.

El perro aparece, camina hacia mí.
¿Baco?
Algo en el cambió, no es igual.

COSMOS

Este es un viaje al cosmos,
desdoblado en una corteza lunar, navegando en un
mar de oscuridad, los colores son apetecidos, buscados,
acelerando hacia la nada.

(La nada) ¡qué bella expresión!

Una nueva luna y allí está, una explosión de colores
emana, un ruido que rompe el silencio, el magenta domina
el espectáculo, el azul se decanta hasta parecer blanco
celestial, es una danza de polvo cósmico, son los fuegos
artificiales de las diosas hijas de Júpiter, es la testosterona
de los titanes de Marte, amarillos que dignifican al sol de
la Vía Láctea.

Big Bang poderoso, con propósito de planeta, una
promesa al estilo de Pandora.

Misterioso, incomprensible, terrible, lejano, infinito,
delirante.

CAPÍTULO 2

ESCRITOS HOMENAJE

JUSTICIA

La justicia es el arte de las justas proporciones, la conexión exacta de los trazos delgados, el abrazo inesperado del ser humano desconocido.

Justicia es contar con un padre de corazón derramado, el aire necesario para que el pájaro se deslice sin esfuerzo, una canción oportuna.

Justicia es un amanecer frío con la certeza de una cobija caliente, fuego de hogar, un perro fiel.

Justicia es caminar hasta una Laguna misteriosa y escapar de la realidad con magia natural.

Justicia es cantarle una canción a un árbol viejo y que vea en mi guitarra la posibilidad de encarnar eternamente.

CALIENTE

Te fuiste, pero fue una amistad de hierro,
acompañados por el pecado y la locura,
risas interminables, planes acelerados,
gasolina, humo y licor.

Te fuiste, pero fue una amistad de hierro,
mucha adrenalina, pocas certezas, chaquetas de cuero,
mujeres peligrosas, locas e increíbles,
Aamas de fuego.

Te fuiste, pero fue una amistad de hierro,
problemas graves, soluciones rápidas,
hurtos necesarios, dientes apretados,
madres angustiadas,
dinero pasajero.

Te fuiste, pero fue una amistad de hierro.

EL TIEMPO

Cuando era un niño soñaba,
cuando adolescente creía ilusionado,
adulto percibía y lo vivía,
ahora en la tercera lo siento, lo creo y aún lo añoro.

Es el tiempo que no aproveché, es el día que no gocé, es la
hora que desapercibido pasé y el minuto que desperdicié,

Vive ahora porque no habrá un después.

LOCOS

Hay locos que nacen locos,
hay locos que locos son,
hay locos que vuelven locos a los que locos no son,
hay locos por la tristeza,
hay locos por el amor,
hay locos por la riqueza,
hay locos por la traición,
hay locos de ternura y locos por el dolor,
todos tenemos algo de músicos, poetas y locos.

NO ES AMÉRICA ES LATINA

Hay una calle que no es calle,
hay una casa de pérgola caída,
hay un niño que ignora todo detalle,
hay un camino y qué difícil vida.

Es un viejo pueblo quemado por el sol,
es un juguete halado por un niño,
es una madre que olvida su rol,
es un padre ausente por falta de cariño.

Son delgados pies con callos inocentes,
son manchas en la cara de días soleados,
son manos pequeñas que claman otras fuentes,
son paisajes que no deben ser fotografiados.

Fue una tragedia sospechada,
fue un futuro marcado,
fue una brisa casi acordada,
fue un suicidio exonerado.

LIBRO MAGIA Y CORAZÓN

¿Qué es un libro cerrado?
Hojas, tinta y cartón.

¿Y un libro abierto?
Un narrador de historias, cuentos y relatos,
revelación de secretos, viajes y liberación.

Si no eres consciente de esa magia,
no hay nada en tu corazón.

CAPÍTULO 3

LÍRICA, PROSA Y ALGO DE VERSO
(TÚ DECIDES SI ES POESÍA)

ADVERTENCIA

Pensamientos, anécdotas, lucubraciones, reflexiones, ira,
poesía, verdades, mentiras, basura, al final algo de arte,
un torbellino de imágenes, lenguaje.

Narraciones en primera persona, en tercera persona,
narraciones sin personas.

Algo de rima consonante, también asonante, y sobre
todo sin rima.

ES POR LA INDIFERENCIA

Hoy escribo por la indiferencia que tenemos, nos ignoramos a diario, somos el Alzheimer de la sociedad, pasamos desapercibidos.

El ruido de la calle es solo un adorno pasajero al silencio interno de nuestra conciencia.

También escribo por los pensamientos rotos, desesperados, que se convierten en gritos ahogados, los cerebros se hacen cada vez más pequeños, consumidos por la mediocridad del ser que gobiernan.

La esperanza habita en el animal, el animal dormido, el instintivo, el carnívoro, el letal, el hambriento.

La pregunta es, ¿cómo liberamos el animal?

¡Un estallido!

DE FRANCE AVEC AMOUR
(LAURA GUARIN)

El vaho adolescente de tu frente,
rocío matinal entre tus poros,
imagen de tu rostro intermitente,
fue el ansia de olvidar cualquier decoro.

La cálida humedad de tus encantos,
el tibio aroma de tu piel hinchada,
candentes toques dabas entre tanto,
nuestras anatomías se elevaban.

Pensar que te conozco desde siempre,
que en todos mis caminos te has cruzado,
que sin saberme dentro de tu mente,
tu voz en mi interior había inventado.

Llenar nuestras historias de impostores,
desvirtuar el destino de saciarnos,
nos hizo principales infractores,
de la añoranza férrea de adorarnos.

Poner en la trastienda lo sentido,
rozar al corazón con nuevas fichas,
transformó lo posible en lo prohibido,
y convirtió el anhelo en gran desdicha.

CONTIENE PERO NO RIMA

No confundas mi falta de verso con ausencia de contenido, porque si digo "volcán" en mis poemas, hablo de un vómito de minerales, si menciono "cloaca" hablo de una migración de ratas y si de casualidad lees la palabra "ciénaga" en mis malditos escritos, no pienses en el agua como espejo sagrado, piensa en la putrefacción de su vasto lodazal, y si consideras que no te convienen mis letras, voy a filtrar algo elemental en tu cerebro.

No hay cosecha sin quemar la tierra,
no hay alivio sin dolor, ni sueño sin cansancio,
no hay éxito sin fracaso, no hay luz sin los mil intentos de Edison y las cicatrices son sonrisas de viejas caricias.

Por eso esta poesía sin verso es un prisma en la oscuridad.

"SHHH" ONOMATOPEYA

Soy el perro callejero que te convence con una mirada.
Soy la mano del preso que atraviesa la reja con hambre.
Soy un nido abandonado en invierno.
Soy todo aquello que germina en la soledad;

La prostituta que trabaja en silencio y sin amigas.

El sicario que amartilla rápido, pero huye sin prisa.

El actor de un teatro pobre y sin público.

El poeta que nadie lee.

La orquídea que nadie admira.

El vendedor ambulante que no puede caminar.

El anciano que agoniza solo y se apaga lentamente.

BOGOTÁ, TODO EL TIEMPO

Allí estas Bogotá.
Fría como siempre, inerte desde lo alto, indiferente y plomiza.

Me inspiras dolores y poesías grises, eres peligrosa, cultural y desproporcionada, nos acoges a todos y te los coges a casi todos.

Allí estas Bogotá.

En tus calles puedo dibujar, ser literato y asesino.

Despréciame, para no escribirte más.

CONTIENDA SEXUAL

Mi corrupción encajó en tu anatomía y tu mente es cómplice de esta lujuria.

Nos estamos encarcelando en el mayor de los placeres terrenales, ya sabemos que nuestro círculo está justo bajo el limbo.

Hemos sido locos y atrevidos, intentando transgredir las fronteras de la razón, somos dos animales enjaulados que aguardan la contienda de dos cuerpos culpables.

Una cama no será suficiente, mis manos no abarcarán todo y no aceptaré tu orgasmo como el límite, tu primera humedad no me saciará, necesitaremos un abismo infinito.

Que no se agoten las ganas,
que no disminuya nuestra fuerza,
que tus caderas resistan,
que tu respiración marque el ritmo,
que la complicidad no nos abandone.

¡SEMÁFORO, NO IMPORTA!

Un niño, cinco años, sonríe en el semáforo y no importa su ropa rota.

Trabaja en cada cambio de luces y no importa su infancia.

Su jefe probablemente padre o madre y no importan sus jefes.

Si tú no te preguntas nada cuando ves este niño, tú tampoco importas.

NO SE ESCRIBE SOBRE EL AMOR

No se escribe sobre el amor.
Es mejor dibujarlo que escribirlo.
Es mejor pensarlo y no hablarlo.
Es mejor pintarlo y no describirlo.

En el amor,s son mejores las manos entrelazadas que las palabras vacías.

En el amor, es mejor el beso en la frente que el anillo de compromiso.

En el amor, es mejor la sombrilla compartida que la promesa de la luna.

En el amor es mejor el abrazo prolongado que la felación obligada.

Es mejor no escribir sobre el amor.

O ERES ÁNGEL O DEMONIO

"Para dedicar"

Si no eres mi amigo, no eres mi enemigo.

Si decides ser mi enemigo, no te disfraces de amigo y en dado caso procura matarme antes de que yo lo haga, mi querido amigo.

DESCARO

El pacto de silencio se rompió el día que esa mujer dijo
"te amo".

Una frase con eco sórdido, lento y perdido,
es otra manera de lanzar una granada, el estallido nublo
mi pensamiento.

Hiriente iniciación en el amor, con fricción, con rudeza,
cruel, despiadada e irresponsable.

Lo dijo y se fue.

DOBLEMENTE MALDITO

Esto lo escribo ligero y sin pelos en la lengua, sin filtros y con algunas frases destructoras.

Me leo y comprendo entonces que mis escritos los dicta otro, quizás un alter ego.

Lo mío es siniestro, estoy doblemente maldito, alguien me maldijo y lo asesiné.

La maldición nunca se fue, mi otro yo la absorbió, la sufre y pelea.

Él es quien dicta y parafrasea, destila odio y dolor.

Se sabe maldito, asesino de sus enemigos,

"Un detalle" lo asesiné con un bolígrafo.

[INTRANSITIVO/TRANSITIVO]
MORDIDO. VERBO. EL PARTICIPIO
PASADO

Me siento inspirado,
estoy conmovido,
una víbora me ha mordido,
su veneno me ha recorrido,
quemado y demolido.

Tejidos masacrados,
tendones contraídos,
pulmones colapsados,
minutos contados,
gritos ahogados.

No hay sabiduría,
ha muerto la alegría,
mi propia tiranía,
muerte noche, muerta día,
la realidad ya no se distinguía.

ISABEL

Tu secreto bien guardado conmigo,
cuida la mística de tus ojos,
poder sanador en manos como el higo,
poder incomprendido por otros.

Un ángel en tierras de nadie,
caminas en otro tiempo,
mo permitas que nadie te cambie,
celestial, como templo.

Por tu vida, muchas personas,
solo de forma fugaz,
tu corazón en un hijo voraz,
no te cambiará por nada solaz.

La mamá que cualquier hombre quisiera,
el ángel más hermoso en la tierra,
cómplice sin ceguera,
amor verdadero que nunca destierra.

ALFONSINA, COMO EL TANGO

¿Cómo dejarla para irme al mar?
Ella es mar.

No es una Virgen, pero hay algo virginal en ella, quizás
su mirada.

Una pureza que destroza y rearma.

No merece demonios un ser tan sublime.

Luz perene, polvo cósmico, contemplativa, silenciosa,
analgésico para cerebros turbados, acelerados y
convulsionados.

Una ola tempranera que lava la arenisca en la roca.

La necesito a ella y al mar.

LA CHICA DEL BUS

Pensamientos, expresiones, intenciones locas, te observo cuando cierro los ojos, paseo en bicicleta por tu cuerpo con una brújula aplastada por tus labios, deambulo sin propósito aparente, desdibujado por tus caderas perfectas, mis pensamientos danzan como flores suspendidas en el aire, aparentemente dura, aparentemente cruel, evidentemente cálida, consistentemente dulce, de cabello perfecto, sabor a sangría, cereza y aceituna, me obligas si me miras lujuriosa (no me mires), (mírame).

Te deseo porque no sos mía, no te alcanzo y sin embargo te disfruto tanto, tanto que estoy pecando de excesos mentales, que ganas de tocarte, te lacero en cada pensamiento, me excita ese flagelo.

Baja del bus y ni siquiera me mira, jaaaa acaba de perder el mejor de los amantes.

ASÍ VIVO

Vivo borracho entre metáforas, sueños y analogías, a veces poeta, a veces poesía.

Vivo en Baudelaire, en Nashe, en Charles, en Cortázar, en Bukowsky o en cualquiera de los malditos.

Vivo engendrando ideas de sangre, rabia, llanto o esplendor.

Vivo esplendoroso, sin reprimir sentimientos, requiero pensar, luego de sentir.

Vivo sintiendo, luego pensando, luego lenguaje, luego idea.

ESCRIBO PARA NO ESCRIBIRTE

Escribo en hojas blancas que tiro a la basura.

Escribo en servilletas y paredes viejas.

Escribo donde no vuelva a leer lo que te escribo.

Escribo en muchos lugares para no escribirte a ti.

Escribo en árboles que luego incendio.

Escribo y me obligo a olvidar lo que escribo.

EL DESIERTO NOS ESPERA POR SEPARADO

Inclemente sol sin sombra,
viento seco que no acaricia,
no hay fauna y menos flora,
solo un violín que suena y no suaviza.

Cada paso es forzado,
en agudo silencio que duele,
dunas que nadie ha cruzado,
jardín terrible donde todo muere.

Producto de un Dios paciente,
partidos y entregados a nuestra suerte,
allí donde engaña tu mente,
moriremos y no será de repente.

HORA DE MUERTE

Se debe morir joven cuando se ama intensamente.
Pero no, no es así, somos obreros que gastamos horas en
la fábrica de la vida, sin saber la hora de la muerte.

Horario que debería publicarse y darse a conocer en cada
pueblo, ciudad y aldea.

Un horario de la muerte que permita trazar tus últimos
pasos de forma maestra y satisfactoria, con elegancia.

SALVADO

Perdí mi cabeza por ti.
Perdí mi identidad y mis malos principios.
Robaste mis ojos y desvaneciste mis credos.
Desplazaste mis gritos y te llevaste mi voz.

Lograste ver un ángel bajo la piel de un demonio.
Quitaste agujas de mis brazos con toques mágicos.
Curaste venas inflamadas con la mística de tu mirada.
Venciste a Amón para que no atormentara mis noches.

Danzas en mis sueños como sirena encantada,
tocas mi corazón con la facilidad de tus sabores,
consientes mi existencia con la suavidad de tu calor,
contemplas mi locura con tranquilidad estremecedora.

GUERRA EN LA MIRADA

Tú, a punto de soltar tus perros de guerra,
yo, calculando el largo de mis puñales.

Tú, trazando y dibujando rutas de escape,
yo, dispuesto a perder partes y sangre.

Tú, recordando errores para llenarte de ira,
yo, tarareando un soul de Aretha que me inspira.

Tú, provocando la contienda con gritos,
yo, repasando anatomía para matarte rápido.

Tú, reclamando con furia una tontería,
yo, te ignoro.

¡OH MARÍA MADRE DE DIOS!

¿Cómo se sobrevive a esto?
¿Cómo se desenreda una sensación tan larga?
¿Cómo se toca algo así de sublime y no se sucumbe?

¿Existe acaso la forma de transformar lo insuperable?
¿Me estás pidiendo que razone sobre algo tan onírico?
¿Me estás diciendo que no eres un credo?
¿Me estás insinuando que no existe un sincretismo para
empezar en tu doctrina?

¿Que no puedo peregrinar en tus caderas?
¿Que tus labios no me pertenecen?
¿Que no te escapaste de otra dimensión para encontrarme?

No respondas nada, quiero seguir sumergido.

HAY AMORES

Hay amor atemporal, donde no importa el pasado del otro, donde se ignora el presente, donde el futuro se sueña.

Hay amor legítimo, donde no se busca más beneficio que la felicidad y el placer del otro, donde no se comparan los bolsillos ni la clase.

Hay amor nutritivo, donde los detalles más costosos son minutos cargados de besos dulces y desayunos improvisados.

Hay amor maratónico, donde se corre para verse unos segundos y se arrebatan caricias aceleradas.

Hay amor cinematográfico, donde el tiempo se congela en cada contacto de piel, con escenas lentas, donde quedas suspendido en cada orgasmo que te divide entre risa y llanto porque sabes que no se va a repetir.

Hay una buena y una mala noticia, la buena, ese amor existe, la mala, no se vuelve a repetir.

RESPONDIENDO UNA CARTA

¡No supe cómo contenerme ante tu letra!
Un impacto casi descarado,
surrealista fue leerte, se me acortó el entendimiento,
sentí desfasarme espacialmente,
y vi la plasticidad de un virus acelerado.

Comprendí lo relativo que es el tiempo,
comprendí lo que pesa un mensaje cargado,
me dolieron órganos que no existen,
grité horrorosamente.

Lo he leído varías veces, más de las que voy a reconocer,
no sé si lo amo o lo odio,
lanzaste una llave con efecto atemporal,
siento que te debo y estamos obligados.

Solo es cuestión de tiempo,
en algún momento, en algún lugar,
mis labios y tu corporalidad,
un encuentro por el que aún espero.

CAPÍTULO 4

DESACUERDOS, REBELDÍA, SÁTIRA Y BASURA MENTAL

TRÁGICO 1

Amanece otra vez, la lluvia inicia una orquesta de tragedias en mi cabeza, recuerdos a blanco y negro, recuerdos en calles nocturnas, el ruido zumbante de una luminaria es el conteo regresivo de mis pasos y se repite bajo cada neón por el que paso.

¡Intento cantar en mi mente una canción de amor, no logro completar la letra!

Vuelvo aquí y ahora, la mañana es fría, me consuela un café, solo un momento, sus colores me llevan de nuevo a la noche y sus luces amarillas.

Suspiro profundamente, intento no morir.

TRÁGICO 2

Interminables tragedias y acortan el keroseno de mi vida;

los golpes hirientes de mis palabras ligeras,

el ave que se desploma envenenada,

el llanto de un niño huérfano,

la piel del payaso que se maquilló por la eternidad,

el perro que tiembla de frío,

la respiración sin propósito aparente,

y el insomnio inexplicable.

AL ACECHO

Cuidado, no reposes ni descanses, sigo siendo un demonio
con pulso acelerado, de cambios vertiginosos, donde la
tierra tiemble cuando giro.

Sigo empuñando armas, coqueteando con labios rojos,
sigo perdiéndome en humo sagrado,
sigo andando en aquavit escandinavo,
sigo siendo un lobo al acecho.

Guardo cuentas por cobrar como Lecter guarda cortes
tiernos y me pertenece una memoria prodigiosa donde
empotro recuerdos, algunos fríos y helados donde corta
el viento, otros son de calor y dan muerte a quien los
respira.

Sigo siendo granito reposado para frentes que buscan calma,
sigo siendo veneno sicarial para el que no ve otra puerta,
eutanasia para el enfermo terminal.

¡SI ES QUE EXISTES!

No sé cómo pedirle al cielo;
que mueran todos los pederastas,
seres mentalmente dañados por elección, físicamente
descorazonados por satisfacción, psicológicamente
injustificados, por...

Y la iglesia como nido y, rústica y, siempre bajo su método
escolástico y sus abismos de conocimiento extraviado,
guardándose el placer de la última palabra,

Para Dios, ¡¡¡si es que existe!!!

NO DESEES LO QUE NO CONOCES

"Deseo tu fuerza", musitó,
"Si, esa con la que escribes", replicó.

No desees, ni envidies lo que no conoces, esa fuerza viene de lo que maquina mi mente, respondí.

Es un torrente, es un vómito constante y caudaloso, no para, no se detiene, no mengua, no da tregua, nada lo detiene, nada lo silencia, martilla ideas sin descanso, te asfixia.

Es un tormento.

¡NO, NO ERES MEJOR!

No eres mejor por no tener hijos
que aquel que decidió eyacular dentro.

No eres mejor por hacer un detox
que aquel que hace una lenta intoxicación.

No eres mejor por ser abstemio
que aquel que prefiere alucinar.

No eres mejor por comer bajo en grasa
que aquel que saborea la miel del tocino.

No eres mejor por profesar una fe
que aquel que razona sobre empresas de fe.

No eres mejor por hacer ejercicio
que aquel que nada en brazos de Morfeo.

En definitiva, nada te hace mejor, nadie muere regocijado,
todos morimos porque algo falló.

¿CUÁNDO ES QUE MUTAMOS?

¿En qué momento nos convertimos en otro ser?

Un lobo cazador de angustias,
un hechicero con poderes mágicos,
un guerrero exiliado.

¿En qué momento?

Tan solitario,
tan Rómulo y tan Remo,
tan Ulises,
tan Simbad,
tan Aquiles,
tan Romano,
tan cruel y despiadado.

ELLA QUIERE

Poético y oscuro es el rostro desdibujado de una mujer provocando al hombre para yacer.

Poesía cargada, poesía maligna, el deseo es facial, deseo mezclado con ira por no dominar al hombre.

Dueña de lírica y narrativa abundante para convencerlo, apela a sus debilidades, lo toca con lujuria, lo mira, lo mira y lo destruye, le susurra obscenidades, le fractura el espíritu, lo quiere dentro de sí y casi siempre lo consigue.

Ella es precoz, él lo sabe...termina, se viste y escapa aprovechando su sensibilidad.

QUIERO MORIR CERCA DEL MAR

Maquino mi muerte, la visualizo, me gustaría una muerte apacible, llena de belleza, en paz con la tierra, en el ocaso de una tarde veraniega frente al mar, con sonidos de gaviotas, olas pequeñas, bajo la acústica de un sol amable y suave, eso sí... bebiendo algo, apagándome con el día.

Imagino que me duermo mientras mi espíritu se desprende, mientras asciendo (no al cielo) no, tengo un problema allá, mientras asciendo al cosmos, mientras espero el paso de un cometa o una corriente cósmica.

Si, seré navegante del espacio cuando trascienda, en constelaciones, abrazado con el silencio.

NO SOY TENOR, BARÍTONO NI SOPRANO, PERO

cada vez le tomo más aprecio a mi voz, maravilloso efecto de la soledad en la que habito, me hablo y me reconforto, en una especie de caricia mental.

Por eso ahora me leo cartas a mí mismo, encuentro en mi tono el imaginario, la calidez de la compañía, lo más querido.

Casi un sentimiento paternal propio, y solo yo puedo exorcizar esos momentos y sacarme de ese marasmo vanidoso de escucharme, sin humor ni formalidad, sin respeto ni entusiasmo.

PERDÍ UNO DE MIS PODERES

Ya no puedo oír la luna, así como lo oyes, perdí ese poder de escucharla.

En tiempos pasados, la observaba y oía su fuerza y fragor, ese sonido casi imperceptible, casi inaudible, pero existente.

Te lo describo, es ese sonido que hace la pitón en el instante previo al ataque.

Sonido magnético, es una fuerza que ioniza el aire y escuchas su suave rugido ahogado, sonido de ola gigante que mueve una masa tan grande que es silenciosa y potente.

Lo increíble del sonido lunar es que se acompasa quirománticamente con el pulso, desfasado unos hertz en su frecuencia diastólica.

¿Cómo puede emitir sonidos la luna si no tiene atmósfera? Algo emite desde su lado oscuro.

ESCRIBO PARA NO DECEPCIONARME

No soy artista, no pretendo ser un poeta adornando cada frase.

Escribo como alguien que tuvo hambre y caminos largos.

Mis escritos no son inspiradores, mis miedos dictan, yo copio.

Desconozco la letra apacible, la dulzura se me dificulta.

Rara vez tengo finales felices, rara vez escribo bien.

Escribo, leo, borro, escribo, pienso, edito, vuelvo a la primera idea... donde el conejo muere asfixiado por la guillotina que le planta el felino en la garganta y luego la hiena hurta los pedazos... De eso se trata, de no decepcionarme con historias falsas.

NOTICIAS DE MI TIERRA

Un pueblo de corazones obligados a latir cuando están vacíos.

Al fondo la radio anuncia el duelo, recitan los nombres de cada una de las víctimas del suceso, como una oración, cómo letanías que necesitan respuesta,
José de Jesús Alvarado, ruega por nosotros,
Carmen Alicia Morantes, ruega por nosotros,
Duvan Arcila Gallego, ruega por nosotros,
Luis Castañeda, ruega por nosotros.

Y en noticias del entretenimiento, la reconocida cantante Barranquillera, famosa por el sonido de los lamentos lanza su nuevo sencillo titulado (me dejaste, te extraño y te odio) canción con la que piensa ganar su próximo Grammy.

BREVE ENTREVISTA AL CREATIVO

Y tus procesos creativos, ¿de dónde vienen?
¿Del alcohol?, ¿Del cannabis?, ¿Del opio?,
¿Del láudano o del peyote?,
¿Del amor, el desamor o la desdicha?

¿Será acaso de la estupidez?

Ante la falta de respuesta, un regalo;

Necesitas ensuciar el cuerpo y sobre todo el alma.

La inspiración viene del sedimento que habita el fondo
donde se pisa descalzo.

DE PIE

Acá sigo de pie, rompiéndome y fracturándome en mil pedazos,

Acá sigo de pie, desvanecido y abandonado por la fe de la nada,

Acá sigo de pie, sin entender por qué no hay lágrimas en mis ojos,

Acá sigo de pie, siendo vacío y siendo cosmos,

Acá sigo de pie, a pesar de todo y a pesar de nada.

MANIFIESTO DE DESTRUCCIÓN DEL MOLDE

Aprendí tempranamente que debía huir,
comprendí brillantemente que no hay tiempo,
entendí anticipadamente que hay otros lugares,
digerí precozmente que debo caminar solo.

Deliberé internamente para escapar de mi mente,
pujé íntimamente para no soñar tanto,
voté egoístamente para derrocar mis reacciones,
divagué eternamente para calmarme sin opiáceos.

Destruí elegantemente los dogmas familiares,
transgredí continuamente la ética y el glamour,
irrumpí vertiginosamente en prácticas dañinas,
conduje compulsivamente en peligros ilógicos.

Violenté religiosamente mi ego para emerger liviano,
rechacé soberbiamente la extorsión del cielo,
oré fervorosamente para comprobar mi soledad,
levanté perpetuamente mi cuerpo para conciliar el sueño.

AGRADECIMIENTOS

A las personas que me ayudaron a hacer posible este capricho, agradezco a todo aquel que en algún momento me prestó o me regaló un libro, agradezco a cualquiera que se tome el tiempo de leer, agradezco a quienes apreciaron las obras de los frontis de cada capítulo, allí también habito.

A todos los que se proponen el reto de hacer arte, pintar, hacer música, teatro, escultura, a los cuenteros, al que escribe y al que dibuja o al que simplemente grafitea un muro, en esas personas está la sensibilidad que nos permite ser humanamente genuinos, gracias.

ÍNDICE

CAPÍTULO 1: ESCRITOS ONÍRICOS

Em pa to logía 17
Sueño de muerte 18
Sabor a soledad 19
Tormenta soñada 20
Soñé, logré despertar 21
2090 futuro 22
Yukon 23
Cosmos 24

CAPÍTULO 2: ESCRITOS HOMENAJE

Justicia 27
Caliente 28
El tiempo 29
Locos 30
No es América es Latina 31
Libro magia y corazón 32

CAPÍTULO 3: LÍRICA, PROSA Y ALGO DE VERSO

Es por la indiferencia 37
De France avec amour 38
Contiene pero no rima 39
"Shhh" onomatopeya 40
Bogotá, todo el tiempo 41
Contienda sexual 42
¡Semáforo, no importa! 43

No se escribe sobre el amor 44

O eres ángel o demonio 45

Descaro 46

Doblemente maldito 47

[Intransitivo/ Transitivo] Mordido. 48

Isabel 49

Alfonsina, como el tango 50

La chica del bus 51

Así vivo 52

Escribo para no escribirte 53

El desierto nos espera por separado 54

Hora de muerte 55

Salvado 56

Guerra en la mirada 57

¡Oh María madre de Dios! 58

Hay amores 59

Respondiendo una carta 60

CAPÍTULO 4: DESACUERDOS, REBELDÍA...

Trágico 1 63

Trágico 2 64

Al acecho 65

¡Si es que existes! 66

No desees lo que no conoces 67

¡No, no eres mejor! 68

¿Cuándo es que mutamos? 69

Ella quiere 70

Quiero morir cerca del mar 71

No soy tenor, barítono ni soprano, pero 72
Perdí uno de mis poderes 73
Escribo para no decepcionarme 74
Noticias de mi tierra 75
Breve entrevista al creativo 76
De pie 77
Manifiesto de destrucción del molde 78

Agradecimientos 79